小野小町の霊言

美とは何か

大川隆法
Ryuho Okawa

まえがき

人生を幸福に生きるためには、「真」「善」「美」の探究が関係してくる。哲学者のソクラテスやプラトンやアリストテレスは、「美」を「善」に近づけて考えていたようではあるが、具体的な「美」についての観察や経験が少し足りていないと思う。特に霊界の奥義としての「美」の実在を体験していないのではなかろうか。

本書では小野小町霊が、日本文化の伝統でもある「言霊」の不思議にも触れながら、美の世界を表現している。世界に通用する「日本ブランド」がここにある。

本文では、人気女優・北川景子さんの過去世（かこぜ）の一つを小野小町だと言及（げんきゅう）している。心理学に詳しい北川さんにわかるように言うと、本人と密接（みっせつ）な関係のある潜在（せんざい）意識が、魂のきょうだいとして、天上界に存在するということである。

現代に、美の観音（かんのん）様を、信仰にかえて、視聴率（しちょうりつ）で、人々は支持しているのである。

二〇一五年　十月十二日

幸福（こうふく）の科学（かがく）グループ創始者兼総裁（そうししゃけんそうさい）　大川隆法（おおかわりゅうほう）

美とは何か——小野小町の霊言——　目次

美とは何か
——小野小町の霊言——

二〇一五年九月二十七日　収録
東京都・幸福の科学 教祖殿 大悟館にて

3

「天上界の美」とは 61

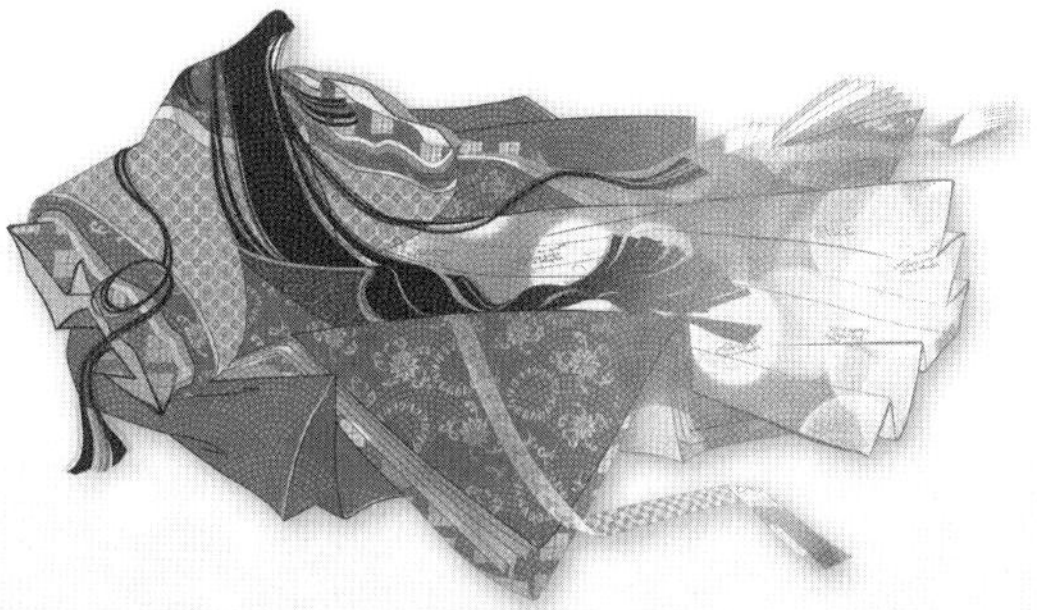

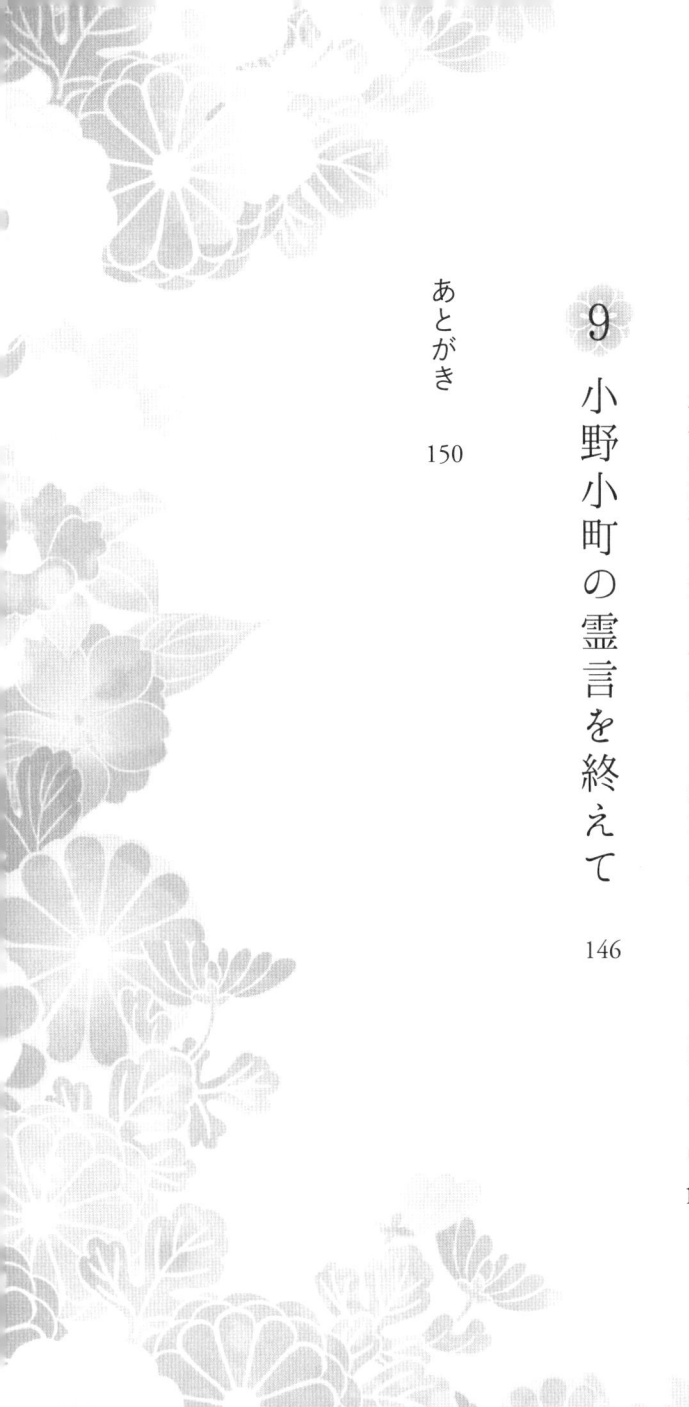

「霊言」とは、あの世の霊を招き、その思いや言葉を語り下ろす神秘現象のことです。これは高度な悟りを開いている人にのみ可能なものであり、トランス状態になって意識を失い、霊が一方的にしゃべる「霊媒現象」とは異なります。

また、「霊言」は、あくまでも霊人の意見であり、幸福の科学グループの見解と矛盾する内容を含む場合があります。

美とは何か

小野小町の霊言

二〇一五年九月二十七日　収録
東京都・幸福の科学　教祖殿（きょうそでん）　大悟館（たいごかん）にて

小野小町（生没年不詳）

平安時代前期の女流歌人。女性の立場から情熱的に詠まれた恋愛歌で知られ、勅撰和歌集である『古今和歌集』などにその歌が遺る。「六歌仙」の一人。また、絶世の美女とされ、衣通姫などと共に「本朝三美人」の一人に数えられる。伝承によれば、現在の秋田県の出身とされているが、系図については諸説あり、確かなことは不明。

質問者　＊質問順

竹内久顕（幸福の科学宗務本部第二秘書局担当局長）

倉岡ゆり葉（幸福の科学宗務本部第二秘書局部長）

宇田なぎさ（幸福の科学宗務本部第二秘書局長）

［役職は収録時点のもの］

1

平安時代の女流歌人・小野小町に「美」について訊く

小野小町の霊言を収録するきっかけになった、ある出来事

大川隆法　少し前から、総合本部のほうの依頼の一つとして、「美についての考えを出してもらえないか」というニーズが来ていました。私は、美について語る自信と勇気がそれほど湧いてこなかったため（苦笑）、先延ばしにしていたのですが、今朝たまたま、今回の霊言の収録につながる、

ある機会があったのです。

　今朝、私のところにある生霊が来ていたのですが、それを追い払うのに、家内が〝遊び心〟からか、「小野小町を呼んで追い出してみよう」と言いました。そこで、小野小町を呼んでみると、その生霊を見事に追い出せてしまったのです。そのため、「妙なかたちの霊力があるのだな」と、不思議な感じを受けました。

　以前、女優である北川景子さんの守護霊霊言を出したのですが、彼女の守護霊は、鎌倉時代において、源頼朝の妻になった北条政子の実の妹だったと思われます。この方が北川景子さんの守護霊をしていて、話をしていたのです（『女優・北川景

『女優・北川景子
人気の秘密』
（幸福の科学出版）

子　人気の秘密』参照）。

そして、はっきり言ってしまえば、その一代前の転生が小野小町だろうと推定しています。北川景子さんの守護霊霊言にも、名前が出ていました。

「霊を理解する文化」は現代より平安時代のほうが正確だった

大川隆法　小野小町については、はっきりしていないことが多いのですが、分かっていることは、「おそらく、平安時代前期の方であろう」ということです。

平安時代は、「鳴くよウグイス平安京」と言われるように、七九四年以降から始まっています。平安京とは、桓武天皇が遷都した都であり、平安

●生霊　生きている人間の霊魂が肉体を脱け出してさまよい、障りなどを起こすと考えられている。幸福の科学の霊査によれば、本人自身の強い念い（表面意識部分）と、本人の守護霊（潜在意識部分）とが合体したものとされる。

時代とは、平安神宮などで象徴される時代です。

そして、だんだんに全盛期になっていき、陰陽師なども活躍しました。それから、仏教のほうも、最澄や空海等が出たりして、花開いた時代でもあったのです。貴族文化から、次の武家文化に移っていく手前あたりでしょうか。

藤原氏の繁栄もあり、一方では、都でいろいろと怪奇現象も相続い

桓武天皇が開いた平安時代

第50代の桓武天皇(右上)は、794年に山背国(現在の京都)へ遷都し、平安京を開いた。以後、約400年間の長きにわたる平安時代の幕開けとなった。(左上:桓武天皇を祀る平安神宮。遷都した当時の平安京の一部を復元し、明治28〔1895〕年に創祀された)

ていたため、そういう意味での呪術というか、陰陽師や密教系の僧侶等を必要とした時代でもあったのです。

今、私たちは平成の時代を生きているわけですが、最近、「意外に平安時代と似ている」ということを痛感しています。

「平安の時代は、生霊がよく出て、人に取り憑いたり、災いなどを起こしたりするようなことが多かった時代だ」と言われていますが、霊的な覚醒を得て、いろいろなものを視ると、やはり、今の時代にも、そういう生霊はあるし、さまざまな〝あやかし〟や、それによる災い等もあるのです。

それらが、いろいろなかたちで人の世に影響を与えていたりすることも分かってきているので、「意外に、平安時代の日本人の霊文化というか、霊を理解する文化は正確だな」という感じがします。

むしろ、現代のほうが、時代が下ってきて、そういうものが分からなくなっているかもしれません。「現代人のほうが迷っており、平安時代のほうが正確だったのではないか。そうとう緻密に、正確に分かっていたのではないか」という気がします。

平安時代の陰陽師の世界観等と比べると、例えば、幽霊や悪魔系の現象を描いた現代のアメリカ系のホラー等は、やはり、「踏み込みが甘い」というか、本質まで届いていないのです。物理的なフォース（力）のところで描こうとしているけれども、その霊的な本質まで届いておらず、要するに、「研究が届いていない」という感じが非常に強くします。

貴族文化が栄(さか)えた平安期は「日本の第一のルネッサンス」

大川隆法　そういう意味では、「これは文化としての深みの問題であるのかな」と思うのです。

ヨーロッパのほうでは、だいたい十三世紀から十五世紀ごろに、「ルネッサンス」という中世の繁栄期が来ました。その際には、イタリアを中心に、絵や音楽、小説など、いろいろなルネッサンス文化が花開いたのです。

そのあとに、宗教改革が起き、さらにピューリタン革命が起きて、今度は、貴族等が滅(ほろ)びていく流れが出てきました。そして、平等社会である市民社会ができてきたのです。「革命から市民社会ができ、それから、近代の政治の原理のようなものができてきた」という流れであると思います。

さて、日本の平安時代も、貴族文化が非常に栄えた時代であり、そのあとに鎌倉時代に入っていくわけです。

平安時代後期には、平家などの武士もいましたが、武士も貴族化して堕落したため、追われていきました。そして、源氏の棟梁である源頼朝あたりが出てきて、鎌倉時代が始まり、「武士の精神」「質実剛健的な精神」が出てきたのです。仏教文化のなかの、どちらかというと禅宗などと相性のよい感じの美というか、武士の美しさ、武士道的な美の世界が始まるわけです。

ただ、その前の平安期には、それとはまた少し違った、絢爛豪華な面がありました。

似たようなものがあるとすれば、中世だと、豊臣秀吉などの時代の安土桃山文化でしょうか。織田信長、豊臣秀吉、徳川家康と続くのですが、信長・秀吉のころの安土桃山文化には、日本のルネッサンス的なものが、少しだけあったと感じます。

例えば、「茶の湯」が流行ったり、金色でピカピカの襖絵が流行ったりしました。また、豪華な建物を建てたりしていたので、これも一種のルネッサンスでしょう。

しかし、日本においては、これが最初ではなく、「第二」だと思うのです。要するに、日本には、「第一のルネッサンス」と「第二のルネッサンス」があったわけで、「第一のルネッサンス」は、平安期ということです。

なお、小野小町は、「六歌仙」や「三十六歌仙」といわれるなかにも入

日本の代表的歌人

日本の代表的歌人として古来からさまざまな名が
挙げられているが、特に有名なのが六歌仙と三十六歌仙。
小野小町はその両方に名を連ねている。

六歌仙

『古今和歌集』（紀貫之撰）の序文に挙げられた六人の歌人を指す。

僧正遍昭　在原業平　文屋康秀　喜撰法師　小野小町　大友黒主

三十六歌仙

『三十六人撰』（藤原公任撰）に収録された三十六人の歌人を指す。

柿本人麻呂　紀貫之　凡河内躬恒　伊勢　大伴家持　山部赤人　在原業平　僧正遍昭　素性法師

紀友則　猿丸大夫　小野小町　藤原兼輔　藤原朝忠　藤原敦忠　藤原高光　源公忠　壬生忠岑

斎宮女御　大中臣頼基　藤原敏行　源重之　源宗于　源信明　藤原清正　源順　藤原興風

清原元輔　坂上是則　藤原元真　小大君　藤原仲文　大中臣能宣　壬生忠見　平兼盛　中務

っていますが、平安期には、女性か男性かも、身分の上下も関係なく、歌で有名な方がいました。

その背景を経済学的に分析すれば、ある意味で、貴族文化として富の集中があったのだと思うのです。

庶民はそれほどではないでしょうが、そういう貴族文化を支える富の集中があって、歌を詠んだり、蹴鞠をしたりといった、いろいろな文化ができたのです。今の皇室に伝わっている文化も、このあたりのものをかなり引いているだろうとは思います。

平安時代には、そういう高みは非常にあったのではないでしょうか。これは、ある意味での、日本の第一のルネッサンスだったと思われます。

平安時代に女流文学が花開いた、日本の文化的高み

大川隆法　大東亜戦争、あるいは太平洋戦争ともいわれますが、欧米からは、「日本は、先の大戦の敗北によって、男女平等の民主主義の社会ができたのだ」というような考え方を持ち込まれ、広げられています。しかし、日本の平安時代などについて、よく研究がなされてはいないでしょう。

平安時代を研究すれば、小野小町のような、歌を詠む力から一種の神的な存在を感じて、「ある種の観音様みたいなものではないか」という信仰が立ったりする女性も出てきます。あるいは、清少納言のようなエッセイスト、エッセイ（『枕草子』）で名を上げた女性も出てくれば、紫式部の

ような、〝長編ロマンポルノ〟（『源氏物語』）みたいなものを書いた女性も出てくるわけです。紫式部は、「百年ぐらい地獄に堕ちていた」という噂のある方ではありますが、今から千年以上の昔に、〝超プリンス〟のプレイボーイである光源氏の数々の恋を書きました。こうしたことは、世界史的に見ても、そうとう高みがあると思います。

平安時代には、そのような女流文学等も花開いたし、それが成り立つような豊かさと文化のレベルがあったのでしょう。

こういうものは、同時代のアメリカなどを見ても、あるわけがありません。

また、ヨーロッパを見ても、一〇六六年にノルマン人のブリテン（イギリス）上陸があったわけです。

それ以前は、今のイギリスあたりには海賊がわんさかいて、海賊船があちらのほうからたくさん出て、襲ってきていました。それを征服しに、いわゆるヨーロッパの大陸のほうの人たち、つまり、フランスやドイツあたりの人たちがイギリスにかなりなだれ込んで、文化ができてきたのです。同時代のヨーロッパは、そういうころになります。

ドイツでも、高地ドイツもあるのですが、オランダに近いほうの「低地ドイツ」といわれるあたりもあって、そこで使われていた低地ドイツ語が、今の英語のもとになったといわれています。そして、十一世紀にあったノルマン人の上陸からあと、英語の発達が、ずっと続いてくるわけです。

シェークスピアが出たのは、一五〇〇年代から一六〇〇年代であり、そのころに戯曲や劇などが流行りましたが、これは、先ほど述べた、日本の安土桃山時代ごろから江戸時代の初頭ごろに当たります。

そういうことを考えると、やはり、「日本という国は、けっこう捨てたものではないな。立派なものだな」という気がするのです。

「五・七・五・七・七」のなかに「美的言霊」を込める

大川隆法　特に、日本では、「五・七・五・七・七」という短い短詩型の言葉のなかに言霊を含めて、美的世界をつくり出していきました。

あるいは、陰陽師などの場合、「呪」というものがあります。「呪い」という字を書きますが、言葉によって人を縛ってしまうやり方があるのです。

西洋の映画などを観ると、「スペル（spell）」と言っています。これは

「呪い」という意味です。すなわち、呪いの言葉であり、相手に不幸を持ち来たらしたり、相手を縛ってしまったりするやり方があります。

「そうした『スペル』あるいは『呪』に代わるものとして、『美的言霊』あるいは『善なる言霊』のようなものによって、神の世界の一部をこの世に体現したものがあるのではないか。永遠不変の神仏の姿の一部を地上に写し取ったというか、その一瞬を写真に撮ったような、記録に録ったようなものが、こういう芸術のなかにはあるのではないか」と感じています。

これは、ある意味では、誇るべきことかと思います。

日本の女性は、封建制の下で、長らく、男性に踏みつけられ、下のほうにいたように思わされがちではありますが、「ちょっと待った」ということです。平安時代の前期に、六歌仙のなかに美人が入り、歌を詠んだものが遺(のこ)って、宮中でもてはやされていたのです。

仏教的な「諸行無常(しょぎょうむじょう)」を感じさせる小野小町の代表歌

大川隆法　小野小町の出身は出羽(でわ)地方（現在の秋田県）あたりらしいとも言われていますが、そこから京都へ出てきて、今で言えば、ナンバーワンの歌姫(うたひめ)、あるいは作家のようなものかどうかは分かりませんが、とにかく人気のある方になって、日本国中に知られるようになったわけです。

『古今(こきん)和歌集』に出ているものが有名ですけれども、ほかのものにも数多く収録されています。また、小野小町伝説は、さまざまなかたちで物語が制作されています。たくさんの話が付け足されて、いろいろなものが幅(はば)

広く出回っています。そういう方であり、ある意味での霊的な源泉があるのではないかと思います。

有名な歌としては、「花の色は　うつりにけりな　いたづらに　わが身世にふる　ながめせしまに」というものがあります。

「花の色」とは容色のことです。これは、桜の花のような花の色と、女性としての容色、美貌とをかけているのでしょうが、それが「うつりにけりな」ということで、女性の容貌がいたずらに移り変わっていく様子を詠んでいます。女性の容貌というのは、もはや、なすすべもなく移ろいゆくものだというわけです。ぼんやりと時間を過ごしているうちにも、どんどん、どんどんと容色が衰えて

深草少将の伝説

「京都・伏見に住む深草少将が小野小町を見初めて求婚したところ、小町に『百日通えば妻になりましょう』と言われた。少将は山科まで毎夜通ったが、九十九日目に雪道で命を落とした」という伝説がある。

いくのです。ここには、仏教で言うところの「諸行無常（しょぎょうむじょう）」が多少入っています。

　また、「わが身世にふる　ながめせしまに」というのは、「この世でぼんやりと過ごしているうちに、あっという間に年を取って容貌が衰えていく」というような、この容貌の変化のことでしょう。要するに、花がつぼみから咲（さ）いて、それから枯（か）れていく姿のような、美の変化、衰えといったものを歌に詠んでいるわけです。

　この小野小町の歌は、美しさも秘めていながら、そのなかに、ある種の「滅びの美学」の哀調（あいちょう）、哀歌（あいか）といったものも入っていて、仏教的な普遍性と絡（から）むものがある感じがいたします。

　そういう意味で、女性としては、言霊についてたいへん造詣（ぞうけい）の深い方だ

小野小町の代表歌

小野小町が遺したとされる歌は100首以上伝わっているが、確かに本人がつくった歌と考えられているものは『古今和歌集』に収録された18首。そのなかから代表歌といわれる歌の一部を紹介。

花の色は　うつりにけりな　いたづらに
わが身世にふる　ながめせしまに

花の色はなすすべもなくあせていってしまった。この世に身を置く私がそれを眺めながら時をへるあいだに。〈『古今和歌集』一一三〉

思ひつつ　寝ればや人の　見えつらむ
夢と知りせば　さめざらましを

あの人のことを恋しく思いながら寝入ったために姿が現れたのだろうか。夢だと知っていたならば、目を覚ましたくはなかったのに。〈『古今和歌集』五五二〉

色見えで　うつろふものは　世の中の
人の心の　花にぞありける

目に見える花とは違い、色が見えずに移ろうものとは、恋人の心に咲いた徒花だった。〈『古今和歌集』七九七〉

ったのではないかと思われます。

「世界の三大美女」の一人に挙げられる小野小町

大川隆法　それから、「世界の三大美女」といわれることもあるでしょう。三大美女をどう定義したらよいのかはよく分かりませんが、例えば、「クレオパトラ、楊貴妃、小野小町」というようにいわれることもあります。あるいは、マリー・アントワネットあたりまで入ってくることがあるかもしれませんし、項羽の虞美人などを入れるべきかもしれません。

さらに古く言えば、アフロディーテなども入れなければいけないのかもしれませんが、多少、神話の世界のほうに入るので、実在の美人と比較するのは難しいかとは思います。

いずれにせよ、小野小町はある意味で、「日本ブランド」として世界に出せるものだったのではないでしょうか。

「小町」という呼び名に関しては、「あきたこまち」というお米がつくられたり、「こまち」という新幹線が走ったりしていますから、ある意味において、美的なものの代表になっているかもしれません。

今朝、彼女が言っていたのは、「美について、何か語りたいけれども、あまり哲学的に難しいお話にはしたくない。最近、幸福の科学の霊言集は、ちょっと難しいのではないか。もうちょっと感性的なもので、初期の霊言集ぐらいのレベルにしてあげないと、美について読もうという読者には、少し厳しいのではないか」ということでした。まあ、それはそうかなと思います。

ただ、時代考証も十分にできませんので、歴史家のような分析はほどほどにして、彼女に対し、美について具体的に訊(き)いたり、それを感性的にフワッとつかむような感じでもよいので、私自身の考えよりも彼女の意見を聞いてみたりしたほうが、やはり参考になることが多いのではないかと思います。

今、当会では芸能部門を立ち上げしようとしていますし、何か参考になる意見を聞けるのではないでしょうか。

●幸福の科学には、芸能部門として「スター養成スクール」と「ニュースター・プロダクション」があり、2016年春には、HSU（ハッピー・サイエンス・ユニバーシティ）の「未来創造学部」に「芸能・クリエーター部門専攻コース」が開設予定。

現代に美人女優として転生している小野小町を招霊する

大川隆法　今回は、北川景子さんの魂●のきょうだいとして名前が出ていた小野小町本人の霊をお呼びして、その意見を聞いてみようと考えています。それが、本人が現代に転生しているということの実証でもあろうかと思います。

ちなみに、冒頭で述べた、「今朝ほど追い出された生霊」というのは、やはり秋田のほうの出身の方で、自分の過去世のなかにアフロディーテや小野小町などを入れたがっていた方ではあるのですが、小野小町本人の霊を呼ぶと、なぜかは知りませんけれども、あっさりと追い出されてしまっ

●人間の魂は、原則として「本体が１人、分身が５人」の６人グループによって形成されており、これを「魂のきょうだい」という。魂のきょうだいは順番に地上に生まれ変わり、あの世に残っている魂のきょうだいの一人が「守護霊」を務めている。

たのです。

それがどういう理由によるのか、霊的な力なのか、美のところで数秒で簡単に敗れたのか、そのへんはよく分からないのですが、そういうことがありました。

そのようなわけで、北川景子さんとも少し接点ができ、最近は守護霊がよく私のところに来られることもあり、こちらに多少の関心をお持ちのようですので、コネクションをもう一本ぐらい入れておいてもよいのではないかと思っています。

ただ、現代に実在する人をあまり表に出しすぎると、何かと障(さわ)りが多かろうと思いますので、今回は、歴史的な人物のほうの個性で話をしてもらおうと考えています。

前置きはそんなところにしまして、それではよろしくお願いします。

この方だけではなく、いろいろな方をまた調べていってもいいとは思うのですが、とりあえず取っ掛かりができればと思っています。

今日は、日本の六歌仙の一人として有名な小野小町さんをお呼びし、主として美について、いろいろな角度からお訊きできれば幸いかと思っています。

小野小町さんの霊よ。

小野小町さんの霊よ。

どうぞ、幸福の科学教祖殿にお降りくださって、われらに、美についての感想やお考え等をお明かしくださいますよう、心の底よりお願い申し上げます。

小野小町さんの霊よ。

小野小町さんの霊よ。

どうか、幸福の科学教祖殿に降りたまいて、われらに、美について思うところ、感じるところをお明かしくだされば幸いです。

ありがとうございます。


（約十五秒間の沈黙(ちんもく)）

2 和歌に込められた「言霊の美」

ほとばしってくる情熱を詠んだ、小野小町の「恋愛の歌」

竹内　おはようございます。

小野小町　おはようございます。

竹内　本日は、大悟館（幸福の科学の教祖殿）にお越しいただきまして、まことにありがとうございます。

小野小町　いえいえ。お招きいただきまして、ありがとうございます。

竹内　いえ、こちらこそ、ありがとうございます。

小野小町様といえば、やはり、「世界三大美女」のお一人であられまして、絶世の美女として、「七小町（小野小町を題にした七つの謡曲）」など、数々の伝説や逸話がございます。

そこで今日は、「美」につきまして、さまざまな観点からご質問させていただければと思いますので、どうぞよろしくお願いします。

小野小町　私で任に堪えるかどうかは分からないのですけれども。大丈夫かな？　あまり自信はないので、お手柔らかにお願いします。

竹内　はい。やはり、小野小町様といえば、和歌の話からお伺いするのがよろしいのかなと思うんですけれども……。

小野小町　ああ、そうですか。

竹内　先ほど、大川総裁も、「花の色は うつりにけりな……」という有名な和歌についてお話しされました。

小野小町　ええ。

竹内　私が個人的に好きな歌が、「思ひつつ 寝れば人の 見えつらむ 夢と知りせば さめざらましを」という歌なのですけれども、やはり、若いときに葛藤のある人たちがこの歌を聞くと、「恋い焦がれる人のことを、はかなく消える夢に見る」という美の光に触れ、心が洗われていくような感じがすると思うんですね。

　そこで、こういった和歌の繊細なタッチを、小野小町様はどのように紡いでいかれたのか、その言葉を紡いでいく感じを、まずお伺いできればと思うのですけれども。

小野小町　まあ、難しいことは、ちょっと語れないんですけれども、ほとんど「恋愛(れんあい)の歌」ですよね。

恋愛というのは、努力してするものでもなくて、人によって、情熱がほとばしり出るような方もいれば、地下水のように、水面下で深く、地下のなかを流れているような、情熱を秘めた生き方をされる方もいらっしゃいますね。

私の場合は、やはり、ほとばしってくるところがあったので、「そのほとばしってくるものを、言葉に表してみた」というだけではありますけれども。

「恋愛は、神仏から、人間がとても愛されていることの証明」

小野小町　「人生にどのような意味合いがあるのか」というか、この世に生きることの意味とか喜びとか、難しく言えば、「神仏は、何ゆえにこの世をおつくりになったのか」というようなことを考えるに当たりましても、私は、やっぱり、「恋は人生の花だな」というような感じが、ちょっといたしまして。

もし宇宙の彼方から、この世を見る方がいたとしても、いちばん不思議なのは、「男女という二種類の生き方がある」というところだと思うんですよね。「なぜ、こうなっているのかな」と。「男女」という二種類の人間がいて、そして、人生の途中で恋愛をする。やっぱり、不思議な感じがしますねえ。

だから、恋愛をし、それが花開いたときには、ちょうど本当に、植物の花が開くときのような美しさはあると思う。

始まりがあり、花開くときがあり、もちろん枯れていくときもあるし、最後は、同時か片割れかは知りませんけれども、この世を去ることによって、愛もまた分かたれる。もちろん、また、「来世での愛」というようなものを考える人もいることはいますけれどもね。

「肉体があるということは、仏教的には、苦しみの元である」と説かれてはおりますけれども、「肉体があることによって、男女が分かれ、そして、生きている間に、この世の花としての恋愛ができる」ということは、

小野小町の「美」の言霊

恋愛をし、
それが花開いたときには、
ちょうど本当に、
植物の花が開くときのような
美しさはあると思う。

やはり、「神仏から、人間がとても愛されている」ということの証明なんじゃないかなあ。愛されているから、「あなたがた一人ひとりに恋をさせてあげましょう」という、そんな感じに思えるんですよね。

「"泡沫（うたかた）のような言葉"を交（か）わす現代が不思議な世界に見える」

小野小町　それを私などは、多少、和歌を詠（よ）める力があって、それも多くの方々が支持してくだされば、「それは、大勢の人たちの言（こと）の葉（は）に乗って知られるようになってくる」ということですね。

だから、私が恋愛の歌を詠んでも、それ自体がどうということはございませんが、多くの人々の心を捉（とら）えて、多くの人たちが、その和歌のなかに自分自身を投影する。「ああ、自分もそういう気持ちだったんだ。それを代わりに、歌に詠んでくれた」というようなことで、これを口ずさむことによって自分を投影できる。こういうことが流行った時代ではあったんだろうと思うんですね。

私どもの時代というのは、そういう三十一文字で恋の心を詠んで、お手紙で交わしていた時代です。

それに比べれば、現代は、ずいぶん不思議な世界に見えますね。「しょっちゅう、携帯とかスマホとかを使いながら、連絡をずいぶんまめに入れているんだなあ（笑）」と。それで、あとに遺るものはほとんどないんですよね。

そのときに流れ去っていくもの、泡沫のように、泡沫のように消え去っていくような「言の葉」を交換することは多いんだけれども、長らく遺るようなものというのは少なくなっているのかなあ……。

ですから、私のような者が現代を語れるかどうかは、少し分からないんですけれども。和歌に関して周辺を語れば、そんなところなんですかねえ。

小野小町が生きた時代は、和歌を通じて「心の美しさ」を知ろうとした時代

竹内　まさに人が恋をするときに、心のなかにいろいろな感情が出てくると思うんですけれども、これを美しさに昇華していくことによって、言葉というものがフッと心のなかから出てくるのではないかと、私は思うんで

す。小野小町様は、このときに、どのような感じで言葉がフッと出てくるのでしょうか。

小野小町　今の時代とちょっと違うのでねえ。今は写真もあるし、映像もあって、いろいろな方々に知られることがありますしね。本に載ることもありますし、そういうことはございますけれども、昔はちょっと分かりにくい。直接、会わないかぎりは分からなかったので、想像の部分がそうとう大きかったんです。

和歌を見て、想像してしまう（笑）。イメージを持つわけですよね。イメージを持って膨らませていくので、私が本当に美しかったかどうかは分かりません。今の時代のあなたがたの好みからすれば、あるいは違ったものかもしれませんし、絵に描かれているような平安美人というのは、現代では、若干、受け入れがたいものもあったのかなあと思います。

ですから、その美しさを知るのに、「和歌を通じて、心の美しさを知ろうとする」ということですよね。言葉は正直ですので。言葉を通すと、その人が透明感のある美しい心を持っているかどうかは隠せないですよね。

先ほど、大川総裁がおっしゃっていましたけれども、言葉のなかには、相手を呪ったり、害を与えたり、封印したりするような、あるいは、未来を暗くするような言葉だってありますよね。

そういう呪文のようなものもあれば、現在ただいまの自分の心境を詠ったり、相手の幸福を願ったり、自分の恋する人との夢を語ったりする面もありますよね。

小野小町の「美」の言霊

言葉は正直ですので。
言葉を通すと、
その人が
透明感のある美しい心を
持っているかどうかは
隠せないですよね。

だから、宗教的な長い長い物語にはならないかもしれないし、ほんの短い線香花火のようなものかもしれないけれども、何か人生を凝縮したものがあったのかなあと思いますね。

歌に恋をして男女が結ばれた「通い婚」の風習

小野小町　そういう意味では、逆に言うと、写真集がありませんので（笑）、歌がうまくて、「美しい」と思っていただければ、そのまま通ってしまうこともあります。

また、平安時代の貴族の恋愛や結婚というのは、普通、「通い婚」ですから、写真の交換をしてお見合いをしたりするわけでもございません。歌のやり取りをしてやるし、その歌のやり取りも、本人が書いているとは必ずしも限らずに、字が美しくて和歌がうまい人が代筆で書いて、〝代理恋愛〟なんかができる時代ではあったわけなので。まあ、向こうもそうかもしれませんけれども。

そして、合意ができれば、「夜、恋する君がやって来る」というかたちですね。男性にとっては理想的なかたちなのかもしれません。

築地の崩れといいますか、土でできた塀がありますけれども、崩れたところを、どこかにつくってあるんですよ。外から入って来られるようにね。入って来て、忍んで来られる。その合図が〝手紙のやり取り〟なんですよね。

それで、和歌が気に入るかどうかを見て、相手の知力ももちろん分かれば、学識も分かれば、家柄や心のありよう、話が通じるような方かどうかみたいなことが分かる。

だから、実際は、女性たちには、夜通ってくる貴族たちの顔が、直接、見えないことも多いし、向こうのほうも、美人かどうかも分からないで、歌に恋をして、やって来るようなことが多いんです。

その意味では、女性は、ある意味で、「美醜」という判定基準から護られていた可能性もあることはあるので、まあ、現代のほうがちょっと厳しいかもしれませんねえ。

だから、いろいろなやり方があって、今みたいに全部出して、お化粧しているやり方もあれば、イスラム教のように顔を隠してしまうやり方もある。私たちの時代は、たいていの場合は、「下女のような方がきちんと取り次ぎをしながら」というかたちになりますので、西洋型とはだいぶ違ってはいたのかなと思うんですけれどもね。

当時も、女性にとって「可能性に満ちた時代」だった

竹内　そうしますと、やはり、女性にとって言葉というのは、「美しさ」という点において、とても大事なものではないかと感じます。

現代は、先ほどおっしゃったように、携帯等で、造語も含めて、さまざまな言葉が飛び交っている時代ではありますけれども、現代の女性が美しい言葉を語るためには、どのような点に思いを向けたらよろしいのでしょうか。

小野小町　うーん……。まあ、「生まれつきのもの」もあるかもしれないし、「生まれてから後、どういう人生を送ったか」ということもあるかもしれませんね。

例えば、大人になるまでの間に、いろいろな不幸や辛酸(しんさん)を嘗(な)めすぎた方は、やっぱり暗い人生観をお持ちだろうし、大切に育てられた方には、それなりの気品(きひん)もあるでしょう。

だから、生まれつきの素質もあれば、それが環境(かんきょう)要因で花開く場合と、しおれてしまう場合と、やはり両方あるだろうとは思うので、何とも申せません。

まあ、女性が恋をする場合は、今もそうかもしれないですけれども、平安時代などでも、「身分ある方に恋されて、妻になる」ということが、いわゆる出世になることは多かったわけですから。そういう、恋をし、そして、歌を詠むということは、現代で言えば、ある意味での、職業婦人としての成功につながるようなものだったかもしれませんね。

今、ファーストレディみたいなものがございますけれども、そうした地位を得るために、若いうちに、言葉の美しさ、それから、身だしなみ、振る舞い等ですかね。あるいは声も……、夜でも声は聞こえますからね（笑）。声の美しさもあるかもしれませんけれども。

そういうことによって、女性としてのいろいろなつてができて、夫が惹かれることもあれば、夫までいかないとしても、現代語で言えば、パトロンと言うのかもしれませんが、自分を庇護してくれるような方ができてくることで、地位が上がってくるようなところはありますよね。

その意味では、「東北のほうの出身であった私が、京の都で有名人になれた」ということは、「当時も、ある意味で、可能性に満ちた時代ではあった」ということは言えるのではないかなと思います。

例えば、今も、女性でも才色兼備の方がテレビなんかに出て、ニュースキャスターみたいになられることもあれば、タレント、歌手、その他、日本で知られるチャンスはありますけれども、「私たちの時代も、そういうことはありえた」ということですね。

あるいは、舞が上手だとか、歌が上手だとか、楽器の演奏とかが上手だという方も、いらっしゃいましたけれどもね。

竹内　ありがとうございます。

3 「天上界の美」とは

小野小町は天上界でどのような生活をしているか

竹内　少し話の角度が変わってしまうんですけれども、最近、大川総裁が「職業としての宗教家」という対談をされまして……（注。二〇一五年九月二十二日、幸福の科学総合本部において、ニュースター・プロダクション所属のタレント・雲母と対談した。『職業としての宗教家』参照）。

『職業としての宗教家』
（幸福の科学出版）

小野小町　ああ、そうですか。

竹内「総裁が、一日にどのような生活を送られているか」を公開された面があるんですけれども（笑）。

小野小町　あっ！　そうなんですか。

竹内　やや、私の個人的興味になってしまうかもしれないのですが、「職業としての……」。

小野小町　私は、ちょっと答える立場にないです。

竹内　（苦笑）「歌人」としてですが……。

小野小町　あっ、歌人？

竹内　和歌の歌人ですね。「職業としての歌人」、もしくは、「職業としての女神」という方は、どのような生活を天上界で送られているのかなと思いまして……。

小野小町　あっ！　天上界？

竹内　ええ。「一日」という単位はないかもしれないのですけれども、「どのような思いでその日を迎え、どのような活動をされているのか」ということを伺えればと思うんですけれども……。

小野小町　うーん、それを言葉で表すんですね？

竹内　はい。「言葉のプロ」でいらっしゃいますので、ぜひ、よろしくお願いします。

小野小町　うーん、肉体がないんですよ（笑）。あの世には肉体がないので。

もちろん、自分の姿を表すことはできるんですよね。「表象」といいますけれども、思いを形に表すことはできるので。自分の思う姿で現れることはできます。

だから、平安時代の姿で現れることもできれば、現代的な姿を借りて現れることもできますね。もちろん、今、私の魂のきょうだい（北川景子）が地上で活躍しておりますので、関心はないわけではありません。

先ほど紹介もありましたが、私も少しは、インスピレーション的なものを、たまに与えるようなことはございますけれどもね。

あの世の生活といいましても、「雲の上で休んでいるだけ」という感じでもないので。私たちの世界は、やっぱり、美とか文学、あるいは文学といっても、詩歌、歌とか詩とかを書くような方などを中心にした、サロンのようなものができているといえば、そういう感じかな。そういうものに関心があるような方が集まっておられます。

なかには、それは宗教家みたいな方もいらっしゃいますよ。宗教家にも、やっぱり、美しい言葉を紡ぎ出される方がいますのでね。そうした、ある意味での「言葉のプロ」たちの集まりではあろうと思うんですね。

「美の世界の指導霊」の仕事とは

小野小町　あと、もう一つは、私だけではなくて、外国の方もいらっしゃるんですけれども、やっぱり、「この世で流行る、いろいろなファッションなど、新しい美のかたちみたいなものを、どうやってつくり出していくか」というようなことをお仕事にされている方はいますね。

そういう意味で、「美の世界の指導霊」のようなかたちになっていて、この世の勉強ももちろんしていますが、「あの世において、美の領域をどういうふうに広げるか」ということもありますよね。

だから、この世においては〝美の世界〟のなかに入っていても、私たちから見れば、地獄の領域に入っている美もあるわけですね。「地獄領域の美」もあれば、「天上界の領域の美」もあるわけです。

ただ、この世の人には、それが分からないでいる場合もありますよね。歌も踊りもファッションも、天国的なものの美もあれば、地獄的なものの美もあるんですが、それがちょっと、分かりかねているものもあるんじゃないかと思います。

まあ、たいていの方は、自分を磨くために、この世の誰かを支援、あるいは指導なされるような仕事も、週のうちに何回かは持っておられて、それ以外は、天上界での意見交換をされたりしていますね。

例えば、ファッションに関係のある方であれば、これから次に流行っていくファッションの研究をされている方もいますし、場合によっては、小説家が恋愛小説を書くときに、あの世で考えたものをインスピレーションとして投影する仕事、降ろす仕事をしている方もいらっしゃいますね。

小野小町の「美」の言霊

歌も踊(おど)りもファッションも、
天国的なものの美もあれば、
地獄的なものの美もあるのですが、
それがちょっと、
分かりかねているものも
あるのではないかと思います。

美の女神(めがみ)が「インスピレーションを降ろしたい」と思うタイプとは

竹内　美の女神(めがみ)たちのサロンで語られた光を、地上の人たちが実際に受けるためには、どのようにすればよいのでしょうか。おそらく、女神の方々は、「この方に、愛や恋(こい)についての文学的アドバイスを降ろしたい」とか、「こういうファッションを降ろしたい」とか考えていると思うのですけれども、そのように、天使たちが「インスピレーションを降ろしたい」と思うのは、どのようなタイプの方なのでしょうか。

小野小町　地上にさまざまな方々が生きておられるように、やはり、あんまり傾向が一通りだと、みんな困るだろうとは思うので、私たちの世界にも、いろいろな種類の考え方や、表現形式を持っている方がいらっしゃるのです。

それは、ある意味での「相性」といいますかね。まあ、「波長の同一性」というべきかもしれませんけれども、相性の合う人を導き申し上げたいという気持ちはありますね。

「どのような方と相性がいいか」ということですが、それは、「過去世において、地上で縁があった方」という場合もありますけれども、それだけではなくて、やはり、「何となく応援してあげたくなる人」という方はいるんじゃないですかね。あるいは、時代的に注目されているような人を見ていて、「この人を、こういうふうにすればいいのかな」というようなことを思うわけです。

ですから、あなた（竹内）のように、美に関心のある男性であれば、男性ではあるけれども、美の女神が、多少、ご指導するようなこともおありになるんじゃないかなとは思いますけどもねえ。

まあ、はっきりと、「こういうタイプを」というところまで決めて、絞り込むことは難しいのかなと。例えば、前に座っている方（宇田）には、前に座っている方の美しさを引き出すことを考える人（霊）が出てくるし、こちらの方（倉岡）には、こちらの方の美しさを引き出すことを考える人（霊）が出てくるわけです。そういう違いがなければ、多くの人々に届かないものがありますので。

また、もちろん、私の住んでいる世界だけではなくて、霊界にもいろいろな階層がございますので、それぞれの次元に合わせた指導霊がおります。つまり、美なら美でも、「美の指導レベル」があるのです。

いわゆる、普通の方であっても、「その人を少しでも美しく見せるにはどうするか」というようなことを考えておられる方が、五次元あたりにも存在するわけですね。五次元あたりの人は、「普通の生活を送っているような方々にも、夢と希望を少しでも与えられるような何かができないか」というようなことを、

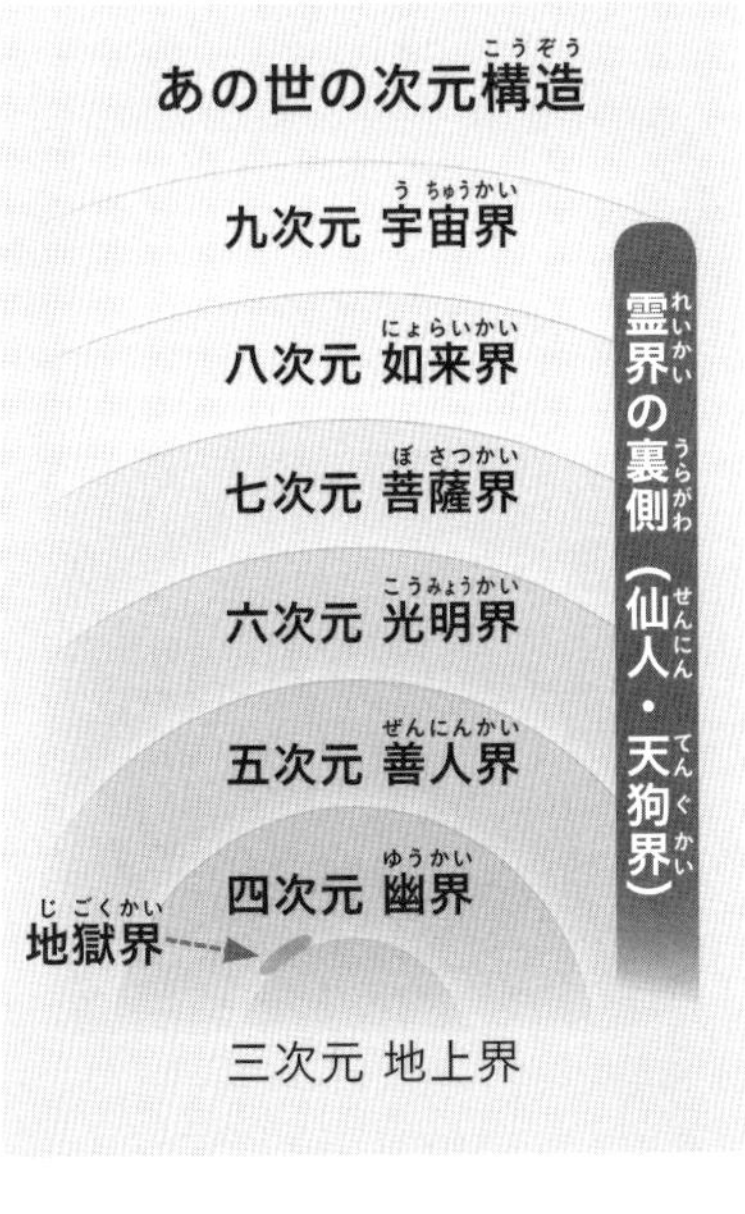

あの世（霊界）は各人の意識の高さに応じて住む世界が分かれ、地球では四次元から、人霊としての最高段階である九次元まである。地獄は、四次元のごく一部に巣くう、迷える霊の世界である（『永遠の法』〔幸福の科学出版〕参照）。

仕事として考えていらっしゃいます。

私たちの世界あたりになりますと、ある程度、その世界でのトップクラスというか、成功を収める流れに入っているような方々ですね。まあ、つぼみの場合もあるし、花開いている場合もあって、いろいろありますけれども、そのような方々に関心を持っていることはございますね。

花の種類が数多くあるように、いろいろな「美」がある

竹内　今、お話を聞いていて、ある意味、美というのは、その人の個性の開花であり、お花畑のように、さまざまな美を開花させている世界なのかなと思いました。そのように一人ひとりの違う美を百花繚乱のごとく発揮

するためには、自分のなかの美をどのように発見し、開花していったらよろしいのでしょうか。

小野小町　まず、花のたとえが出ましたので、それで話しますけれども、この世には、おそらく、何千種類、何万種類の花があると思うんですよね。ただ、もし、「ある花が圧倒的に優勢で、ほかのものは美しくない」ということになったとしたら、ほかの花は淘汰されていくでしょう。やはり、その美しい花ばかりが増えて、ほかのものは消えていくと思うんです。でも、時間をかけて、まだ生き残っているものがたくさんあるということは、それぞれの意味があるわけです。

例えば、「大きな百合の花が素晴らしい」と思う人もいるけれども、「すみれの花がかわいらしい」と思う人もいるわけですよ。だから、〝百合の花派〟の人が、すみれをかわいいと信じている〝すみれ派〟の人を完全に否定し去ることはできないんですよね。

もちろん、「どちらかが優勢」ということはあるかもしれませんよ。日本なら菊の花はすごく好まれますけれども、ほかの国では、必ずしも菊の花が好まれるわけではないですね。また、ドイツなどであれば、「バラの花が美しい」と思うような傾向もお強いでしょうけれども、やはり、「棘があるバラは、あんまり好きではない」という方だっていらっしゃるわけですよ。

あなた（竹内）の後ろにもバラの花が花瓶に挿さっておりますけれども、「首を振るたびに、その棘がどこかで刺さるかもしれないな」と、私などはヒヤッとすることもあるわけです。

竹内　（笑）

小野小町　とにかく、それぞれ、「百点か、零点か」ということではないんですよ。もちろん、人気投票をすれば点数は出るのかもしれませんけれども、それでもやはり、そのお花を支持する一定の勢力が残ってはいるわけですね。

したがって、言論に自由があるように、美の支持者にも自由があるわけです。花の数が何千も何万もあるように、その程度の種類の差は、おそらくあるでしょう。

「美しいと感じるのは先天的か、後天的か」という哲学的問題

小野小町　花に違いがあり、音楽に違いがあり、それからもちろん、色彩感覚もありますね。衣装から始まって、色彩、デザイン、いろんなものが、「美しく感じるか、感じないか」というところですね。

それは、この世的に「みんながそう言うから」ということで、教育されて思い込むところもあるけれども……。まあ、哲学的になりすぎるので、ほどほどにしたいとは思うんですが。

後天的な教育によって、「美しい」と言われたから、美しいと感じるのか。それとも、教わらなくとも、美しいと感じるのか。これは、哲学のた

いへん難しい問題なんだろうと思います。

例えば、花を見て、親から「これは美しい」と言われたから美しいと感じるのか、特にそういうことを教わらなくても美しいと感じるのか、ということですね。タンポポの花ならタンポポの花について、親が「美しい」と子供に教えたら、その子供はほかの花を見ても、「これも美しいね」と、類推（るいすい）して美しいと感じるのか。

これは、「（美の感じ方に）先天性があるかどうか」という美の問題として、哲学の大きな議論の的（まと）になっているところだと思うんですが、まあ、それはまた、そういう専門家の方の意見があるので分かりませんけれども。

文化によっても異なる「美の基準」

小野小町　まあ、こうした「真（しん）」「善（ぜん）」「美（び）」に関しては、「元は、天上界にあるのではないか」という考えが有力ではあるんですね。「何を真とし、何を善とし、何を美とするか」という考えはあるのではないかということです。「天上界の『真』『善』『美』の考えが地上に投影されて、地上の人たちを導く基準になっているのではないか」という考えですよ。

ただ、これにも違いはありますよね。先ほど、「イスラム教徒たちは黒いマントのようなものを女性たちに羽織（はお）らせている」という話をしましたが、これは、ファッションショーで見れば、必ずしも美しいとは言えない

小野小町の「美」の言霊

「真」「善」「美」に関しては、
「元は、天上界に
あるのではないか」
という考えが
有力ではあるのです。

ものでしょう。

しかし、これはおそらく、違ったイメージとしての「隠す美」であって、「隠すことによって、美はいっそうに洗練される」というような考え方をお持ちなのかなと思います。あるいは、美は特定の人にだけお見せすることで、本当に美しいのであって、万人に見られると、美の要素がいろいろと吸い取られていくように感じる方もいるのかもしれません。

本来は、（美は）あの世の世界といいますか、実在世界にあるものだとは思うんですけれども、「この世でそれが認められるかどうか」ということに関しては、この世の人たちの風習や文化もあれば、個人的な努力もあるのかなと思います。

この、「何をもって美しいと見るか」ということですが、（大川隆法の着ている服を見ながら）例えば、なぜ、私が呼ばれるときに、こういうピンク系のものが出てくるのかというようなこと……。（モニターの映像を観（み）て）ああ、アップにされるとちょっと困るんですけど（会場笑）。まあ、「どうしてそうなったのか」というところには、やっぱり、閃（ひらめ）きもあるんでしょうけれども。

とにかく、基本形は、天上界にあるものだと思います。だから、〝美の求道者（ぐどうしゃ）〟になれば、天上界にある美を引いてこられるのではないでしょうか。

まあ、現代であれば、百貨店に行けばいろいろな服はありますし、化粧（けしょう）品（ひん）も出揃（でそろ）っています。一定のお金は必要ですけれども、手に入れようとすれば、ほとんどの人が手に入れることは可能なわけです。ただ、それを着こなすことによって、あるいは、メイク等をすることによって、いっそう美しくなる方と、ほどほどの方と、効果が非常に薄い方とが出てきます。このへんに、本人の才能と、周りの評価、天上界の指導等が絡まってくるということですよね。

竹内　ありがとうございます。

小野小町の「美」の言霊

〝美の求道者（ぐどうしゃ）〟になれば、
天上界にある美を
引いてこられるのでは
ないでしょうか。

4 「肉食系女子」と「草食系男子」

「感受性」が強いと霊的なものを感じやすくなる

倉岡　今、霊天上界の美の世界の秘密について明かしていただきましたけれども、小野小町様が地上におられるときに、神を感じたりとか、霊体験をしたりとか、そういうことはございましたでしょうか。

小野小町　歌詠みで名前が遺っているような方は、多分に感受性が強いので、「霊的なものを感じやすい体質を持っていた」ということは言ってもよいのではないかと思いますね。

まあ、特に私がどうということではございませんけれども、美貌をお持ちの方などの場合は、生霊が競争してくることが多うございますので。美しい女性とかになりますと、大勢の方々から思いが集まってきます。これが集まってきますと、本当にかなりの〝重さ〟を感じるところがございますね。

だから、「人に好かれたい」とは、みんな思うものではありますけれども、人に好かれる気持ちも、その思いが実体化して感じられるようになってきたら、例えば、家に一台ある電話に、ひっきりなしにいろいろな男性から電話がかかってくるようなものなので。その状態を考えれば、やっぱり煩わしさがあるでしょう。

それと同じように、「あなたが好きです」という思いでも、ひっきりなしにいろいろな人から来ていたら、霊体質というか、感受性が強ければ、非常に厳しい状態ではありますね。

その意味で、人々の注目を集める方……、これは美人だけとは限らないかもしれませんが、そういうスター性のあるような方には、みんな同じところがあると思うんです。多くの人の信仰にも似た、何か尊敬の念とか、思いとかが集まるようなタイプの方は、身の処し方というのは、とても難しいところがあるのかなあという感じがいたしますね。

ですから、私から見ると、あなた（倉岡）様には、あなた様の美がおありですけれども、勇気とか、鋭い判断力とか、そういうものもお見受けするところがありますので、生霊系の〝生念を切る〟のであれば、あなた様のような方がお友達でいてくださると、楽だろうなあという気はします。

倉岡　ありがとうございます（笑）。

「肉食女子」について、どう思う？

倉岡　現代には「肉食女子」という言葉もあります。また、映画「シンデレラ」（二〇一五年公開）では、「強く、優しく、美しく」というようなことが、スローガンに挙げられていたと思いますけれども、美の定義というものは、年々変わっていくものなのでしょうか。

小野小町　肉食女子……。うーん……。まあ、食べ物は昔と今とで、だいぶ変わっているので（笑）、ちょっと分からないんですが。

食べ物だけのことではないんだろうとは思うんですけど、おそらく「肉食」っていうのは、草食動物ではなく、肉食動物のイメージを重ねて、男性のように肉を食べて、やる気満々で、攻撃的な……、「アグレッシブ」っていうんですかね。まあ、そんな生き方をされるような女性を指すのかなあとは思います。

「肉食系女子」という場合はどうなんですか。やはり、イメージとしては、「自己中心的」という感じが強いんですかね？

倉岡　そうですね……。自発的に、いろいろ行動したりとか……。

小野小町　「人を蹴落としてでも、狙った〝獲物〟を捕らえる」みたいな感じが強い？

倉岡　そうですね。女性の感情や欲求を内に秘めたままにするとか、あるいは、おしとやかな感じというよりは、「積極的に活動する」というイメージでしょうか（笑）。

小野小町　やはり、競争の原理が少し入っているんでしょうかね。競争に打ち勝つことを、喜びとする女子でしょうか。

だから、「これはいい男だ」と思ったら、ほかに付き合ってる人がいたり、奥さんがいたりしても、奪い取ってくるような女性のことを、「肉食女子」というのかもしれません。

まあ、気持ちとしては分かりますけどね。「自分だけの人」を求めるタイプの人もいれば、他人が欲しがるものを自分も欲しがるみたいな人もいるでしょう。人気が集まっているものを手に入れたら、喜びになるように感じる女性も多いだろうとは思いますね。

ただ、たぶん、そういうタイプの方は、ひっそりと咲くすみれ草のような感じの方ではないんだろうと思うので。おそらく、日ごろ、みんなにすごく注目されて、ちやほやされていることを当然としていながら、それでもさらに尊敬を得たくて、目立つタイプの男性と、何か大きなロマンスができることを願っているタイプの人なんでしょうかねえ。

うーん、困ったなあ。「肉食系」っていう言葉が、どういうふうに使われるのか分からないんですが……。

男女の価値観が交錯している現代

小野小町　まあ、地上にいる私の魂のきょうだい（北川景子）も、最近少し肉食系に近い演技があって（苦笑）、楚々とした女性ではなく、男勝りに、男性とも戦うような役柄をやっていました。それで、筋肉をつけなければいけないとかいうことで、格闘技の練習をさせられたり、焼き肉をいっぱい食べさせられたり、いろいろ注文が多くて、何かさせられたので、こういうのを「肉食系」といわれると、そうかもしれません。

ちょっと何カ月か撮影していて、本当に脱魂状態になったようで、本来の自分と、ちょっと違う面があったのかなあとは思うんです。まあ、ご要望があれば、そういうのを受けるのも仕事なので、やったんだと思いますが、少し魂的な疲れは感じたように、私のほうも見てはいます（注。北川景子主演のテレビドラマ「探偵の探偵」が、二〇一五年七月から九月に放映された）。

だから、それは「肉食系女子風の動きをしようとしたのかなあ」とは思うんですが、要するに、女性の自己実現っていうのが、「男性の価値観で尊敬されるような自己実現をすること」というふうに捉えるなら、そういう女子はみんな肉食系には見えてくるであろうと思うんですけどね。

ただ、男性も今度は逆に、草食系のおとなしそうな人が意外に認められたり、出世したりすることも出てきているので、世の中の価値観が少し交錯してきているのかなあっていう感じはします。

あるいは、肉食系女子が出てくることによって、「同性婚」なんかが流行ってきたような気もしないでもないんですよね。

だから、女子であっても、「夫の役割ができる女子」と、「妻の役割ができる女子」が出てくる。男性であっても、肉食系女子から身を護るために、「優しい男性を妻にしたい男性」とかも出てきたりする。

ちょっと今、男女の問題は難しい局面を迎えているかなと。価値観的にも、文化的にも、時代的にも、難しいものを迎えているのかなあっていう感じがしますねえ。

小野小町が惹かれる男性のタイプとは

小野小町　あなた（倉岡）は、肉食系になりますか？　草食系ですか？

倉岡　いやあ……、どちらかというと、そうかもしれないですね（笑）。

小野小町　はっきりは言いたくないですよねえ（会場笑）。

倉岡　（笑）言いたくないです。

小野小町　じゃあ、お互(たが)い様ですね。

倉岡　そうですね（笑）。

小野小町　私なども和歌を詠んでいるけれども、これだって、もし、「矢のようなものを放って、相手の心臓、ハートを射抜(いぬ)く」ということであれば、肉食系に見えなくもないし。「柔(やわ)らかい言葉で、相手を罠(わな)にかけて取る」というのであれば、「一見、草食風に見せながら、肉食系」っていうようなこともあるかもしれないし。よく分からないんですけどねえ。うーん……。

　でも、これは地上の本人（北川景子）とも、ちょっとつながってしまうのかもしれないけど、必ずしも、男男した男性に惹かれるというわけでもないんですよね。必ずしも、そういうわけでもなくて。

やっぱり、私のなかに、「認められたい」っていう気持ちもあるからかなあ。それもあるので、多少、庇護してくれるような感じのタイプの人や、柔らかく包んでくれるタイプの人みたいなのを求める気持ちもあるし、男性としては、「普通は尊敬されるような、立派な方がいいな」と思う面もあるし、両方、感じますね。

だから、肉食系、草食系、両方の男性に惹かれるものが、私自身のなかにもあることはあるので、これは、難しいところですねえ。

5 香り美人

「匂いの好み」は本人の魂の反映

宇田　先ほど、「恋は人生の花」「恋愛ができるのは、神仏から愛されている証明」とおっしゃっていたと思うのですけれども、「女性は恋愛をしたら、きれいになる」ということが、よく言われています。

また、女性はボディクリームやボディスプレー、香水など、香りについて意識をしていて、それは男性も同じだと思うのですけれども、「香りの美」については何かございますでしょうか。

小野小町　私たちの時代も、香りのところの問題は非常にありまして、「匂い袋」とかの選び方等は大事だったと思うんですね。

やはり、現代のようにシャワーとか、お風呂とかが自由に使える時代ではなかったので、どうしても、あまりよくないにおいが立つんです。だから、お香を焚いたりもするし、焚き染めたりもしますし。

それから、匂い袋等で、それぞれの個性が出るんですよね。「どんな匂いを喜ぶか、好むか」ということで、相性があるので。「その匂いは、あまり好きでない」という男性もいるし、まあ、本人の魂の反映というふうに見るのでね。においには、意外に敏感でしたね。

現在、日本の女性は、それほどにおいに敏感かどうかは、私には分からないのですけれども、欧米系の女性等は、日本の女性に比べますと、そうとうにおいがきついですので。やっぱり、食べ物の影響も大きいのだと思うんですけど、においがきついので、香水等も、すごく大量にお使いになるようには思いますね。

だから、映像だけを通せば、とても美しい女性なのに、近くに寄ってみると、「体臭がすごくきつくてたまらないという人」はいます。鼻のいい方は、においには耐えられないという方がいらっしゃるので。においの感度は、人によっては十倍ぐらい違う場合もございますからね。

まあ、花の匂いと一緒でしょうか。花は色と形だけで美しいだけではなくて、それぞれ香りを持っていますよね。その香りが、何の花であるかを嗅ぎ分けることにもなると思うんです。

やっぱり、そういう感覚も、美のなかには一つ入っているのかなあというふうに思いますね。

「香り美人」は振り返ってもらえる

小野小町　確かに、今は環境がよくなったので、改善の余地はありますけれども、（平安時代は）体臭、あるいは、そうした汗のにおい等が強く出すぎる方の場合は、問題はあったと思うし。

まあ、一年間お風呂に入らないような方もいらっしゃいましたから、におい消しが、やっぱり大事でしょうね。そういうこともあるのかなあと思います。

だから、「匂い美人」というか、「香り美人」というのもありえるのかなと。振り返ってもらえますからね。通り過ぎたあとに、「あら？　今の香りは何だったかな」と振り返る、「見返り」してもらえるというのも、いい感じですね。

だけど、そのにおいによって、百年の恋も潰れてしまうこともあるので、女性は要注意しなければいけませんね。においのところで幻滅してしまうということもありますので。

まあ、香水等も、いろいろな花の香りから採っているものが多いとは思いますが、「どういう香りを自分の香りとするか」っていうところは、研究なされたらいいかと思うんですよ。

ちなみに、地上にいる私の分身も、本当に艶やかな役もありますけれども、最近作では、走って格闘したりするような役で、一日中、汗をかくような仕事が多うございました。そういうときには、香りの部分が非常に気になるところでしたね。もちろん、肌が焼けるところも気にはなるところでございましたけど。

やはり、人工的に、多少は工夫しなければならないところもあるかなとは思いますね。

小野小町の「美」の言霊

「香り美人」というのも
ありえるのかなと。
振り返ってもらえますからね。
通り過ぎたあとに、
「あら？　今の香りは何だったかな」
と振り返る、
「見返り」してもらえる
というのも、いい感じですね。

6 日本女性の美しさ

世界が認めていた、戦前の日本女性の「献身的な美」

倉岡　冒頭で、大川総裁先生から、「当時の平安時代の文化は、世界に通用するような美の代表であった」というようなお話がありましたけれども、「今の日本の女性が大切にすべき美意識」とは、何でしょうか。

小野小町　うーん……、今、ひとつ薄くなってきているものはあるような気がするんですね。

だから、戦前の日本の女性には、世界の人が認めていた美意識があったと思うのです。伝統的なものですが、それは「献身的な美」だと思いますね。

あるいは、恋で言えば、「情熱的な恋」は、けっこう西洋的かもしれませんが、「耐え忍ぶ恋」みたいなところもあるかもしれません。

それから、最近の話では、ハラスメント（嫌がらせ）みたいなことを、ずいぶん言っているなとは思うんですけれども、それは、日本女性の感性とは違うものではないかと思うんですよ。

やっぱり、戦前の日本の女性の美は、逆に、そういうハラスメントを言い立てて、男女を対立させるような感じのものが、そんなに強くなかったと思われます。

だから、それが美しいと感じられていたということを忘れているのかなっていう感じですかね。妻としても、母としても、「耐え忍ぶ美」というものの美しさが忘れられているということが悲しいですね。

戦後の日本を見て、それを悲しんでる方もいらっしゃるんですね。「戦前の日本の女性は、妻にしたい最大の美徳を持っていた」と言う外国人も多うございますので、まあ、権利の主張を、一生懸命、戦後教育で教わったんだとは思うんですけども。

何でしょうかねえ……。まあ、深山に咲く花が、ほのかな香りで旅人を呼び込んでいくようなものでしょうかね。そういうものがなくなった。だから、戦争とかで描かれることも多いんでしょうけれども、「男が戦いに立つ。女性が家でその帰りを待つ。そのなかに、権利が実現されない

小野小町の「美」の言霊

戦前の日本の女性には、
世界の人が認めていた
美意識があったと思うのです。
伝統的なものですが、それは
「献身的な美」だと思いますね。
あるいは、恋で言えば、
「耐え忍ぶ恋」みたいなところも
あるかもしれません。

ものはあるけれども、時間を耐え忍ぶ女性のなかに美がある」ということが分からない人が多くなりましたね。

即、自分の思いが実現しないと我慢がならない女性が、すごく多くなってきているのではないかなと思うんです。

現代の「男女同権」について思うこと

小野小町　それから、現在、男女での不適合が、恋愛でも起きるし、結婚でも起きています。まあ、「離婚からのワーキングプア」みたいなことも、ずいぶん言われてはおりますけれども、ちょっと、女性の変質が激しい感じがするので。

これは、アメリカに占領されてから受けた教育のなかに、欧米型になっていったもののなかに、いいものと悪いものがあったのではないかと思うんです。耐える力がすごく落ちているということは、やっぱり感じますね。耐える力が、ちょっと落ちすぎているっていうことですかね。

それと、「男女同権」の思想も、「男女の違いもあっていい」っていう考え、「違いがあって、組み合わせによって、つくり出されていくものがあるんだ」っていう考え方もあるにもかかわらず、「独立した個性として、ぶつかり合うみたいな感じで競争している」という考えが、非常に強くなっている。そうなると、やっぱりそれは、家族の単位から社会までの破壊が、多くなるんではないかなあという感じがしますね。

だから、耐え忍んだり、控えたり、支えたりすることを、弱いことのように思っているのかもしれないけれども、決して弱いことではなくて、強いことでもあったわけなのです。

先の戦争で、男性たちが南方戦線まで行って戦ったり、何と言いましょうか、神風特攻隊みたいに突っ込んでいったりしたのも、「国で待つ妻子を護るため」「妹を護るため」というようなところがあったと思うんだけれども。その男たちが、「命を賭して護るべきもの」として見ていたものがあったんだということです。今度はそれが、ちょっとハラスメント的に、両方やり合うような関係であれば、「護るべきものではなくなっている」というふうに言えると思うんですね。

だから、アメリカみたいなところでも、レディーファーストの文化は、かなり根付いてはいたんだけれども、やっぱり、「女性がすごく強くなっ

小野小町の「美」の言霊

耐え忍んだり、控えたり、
支えたりすることを、
弱いことのように
思っているのかも
しれないけれども、
決して弱いことではなくて、
強いことでもあったわけなのです。

てきたら、だんだん、そういうものも逆差別みたいに思われがちになってきて、その文化も今、崩れかかっている」というふうに聞いてはいるんですよ。

まあ、民主主義が進んだのはいいことなのかもしれないけれども、ある意味で、文化のレベル自体は、標準化して、「庶民文化」しか遺らなくなって、いわゆる「貴族文化」的な、高貴な感じの文化も減ってきたのかなという感じはしてはいますね。

7 生霊（いきりょう）や邪霊（じゃれい）を退散させる「美の力」

「言葉には命があり、生きている」という考え方

竹内　冒頭（ぼうとう）で、大川総裁から、生霊（いきりょう）退散の話があったかと思うんですけれども、やはり、美、つまり美しさには、ある意味で、悪（あ）しきものを遠ざける禊祓（みそぎはら）い的な要素もあるのではないかと思います。この点に関して伺（うかが）ってもよろしいでしょうか。

小野小町　うーん……、まあ、これはちょっと、文化的にも、今、そうで

すね……。まあ、武士の世では、確かに、刃物を持って、あるいは得物ともいいますけれども、「槍」とか、「剣」とか、「矛」とか、そういうものを持って戦って身を護ったり、勝ったりすることも多かったですよね。まあ、そういう時代もありますが。

ただ、そういうものを使わない場合、言葉でもって攻めたり、護ったりする時代もありますね。

現代の日本なども、どちらかといえば、「武器を取らずして、言葉で応酬する時代」には入っているのかもしれないし、平安の時代も、ある意味では、そういうところもありました。

ですから、何と言うか、私たちの考えでは、口からいったん出された言葉というのは、**それ自体が生み出されたようなもの**で、子供を産んだようなものなのです。この世に出された言葉は、取り消されないかぎり、生きて、動いていくというふうに考えるので、つまり、言葉に命があるわけですね。

例えば、私が、目の前の方に対して、「あなたは美しいですね」と言った場合、その「あなたは美しいですね」という言葉は、その方の記憶のなかに留まっているかぎり、永遠に生き続けている感じで、周りの人の間にも動いているわけです。

これを打ち消すのは、〝逆〟のことを発信した場合ですね。これは失礼に当たるから言いませんが、〝逆の言葉〟を発信した場合、「その次の言葉が、生き物のように追いかけていって、前に出た言葉を捕食してしまう。食べてしまう」というような感じになります。そんなふうに、言葉が生きているように、私たちには感じられていたんですね。

そういうところがあるので、まあ、生霊といっても、ほとんど言葉で攻めてくる。言葉は思いを表現しているんですね。「その人の思いを言葉にしたらこうなる」という翻訳だと思うんです。

だから、生霊といっても、実際に、地上に生きている人間の思いが来ている場合、一方的に、何らかの思いを出しているんだと思うけれども、生霊として感じるときには、それは言葉に変わって、その言いたいことを何か主張なさっているんだろうと思うんですね。

これに対しては、もちろん同じような言葉でもって応酬することも可能ですけれども、まったくすれ違う、つまり、絶対に波長が合わないような言葉でやることもありえるわけです。

小野小町の「美」の言霊

口からいったん
出された言葉というのは、
それ自体が生み出されたようなもので、
子供を産(う)んだようなものなのです。
この世に出された言葉は、
取り消されないかぎり、生きて、
動いていくというふうに考えるので、
つまり、言葉に命(いのち)があるわけですね。

だから、「力でぶつかるか、あるいは、力ではなくて、異次元に心を移行させることによって、その衝突を避けるか」っていう技はあるのではないかと思うんですよ。

（竹内に）何だか、あなたを見ていると、蘆屋道満様みたいな、そんな感じがちょっとします。

竹内　（苦笑）まあ、そうですね。

小野小町　間違いなんでしょうか。よく分からないんです。

竹内　どうなんでしょう。

●蘆屋道満　平安時代中期の民間の陰陽師。道摩法師とも呼ばれる。後世、安倍晴明とライバル関係で描かれることが多い。

小野小町　あなたのように〝美しい方〟が、そんなことはないですよね。

竹内　いや……、そうかもしれません。

小野小町　何か、そういう感じが出るんですが、あなたも、呪(しゅ)をかける方なのかなあと思う……。

竹内　ああ、そうですか。

小野小町　気のせいだったら許してください。何か、そんなような感じが、ちょっと……。ああ、よくないです。

あなたも、言葉を武器としてお使いになる方なのではないかと……。

心を限りなく美しい世界へと飛翔(ひしょう)させ、波長(はちょう)を同通させない

竹内　例えば、生霊が来たときには、どういう呪(しゅ)をかけるとよいのでしょうか。陰陽師ではなくて、美の観点から言いますと……。

小野小町　(生霊の場合)「呪(のろ)い」でしょう。たいてい、呪いが来ているから。呪い、怨念(おんねん)、それから、恐怖(きょうふ)もありましょうけどね。恐怖で凍(こお)りついている。

呪い、怨念、あるいは、嫉妬心、劣等感、自虐の念。こういうものが、一定のレベルを超えて、自分のなかで留まるレベルを超えて、外に出てきた場合、収まらないですよね。収まらないで、頭の上から燃え立ってきて、モワッとした雲みたいになってくるわけですよ。

その雲のままで、頭上に留まってるだけでは済まなくなって、やっぱり、その主たる対象に向かって移動していって、その人の頭や首、肩、腰など、こういうところに取り憑いてきて、インスピレーションを与え始めるようになるわけですね。

それで、その人にはいつも苦情が入ってきているわけで、弱いと、自虐的になって自分の人生を悲観的に捉えたり、勇気がなくなったりします。場合によっては、そういう呪いがかかっていると、自分の命を絶つような方も出てきますよね。だから今、中学生、高校生あたりでも、リストカットっていうんですか？　何か自殺未遂みたいなのをよくされて、カミソリみたいなもので腕をカットしているようなことがあるというのは聞きますけど。ああいうようなものも、周りの友達っていうか、悪い友達からかけられた呪いの言葉ですね。そういうのが効いているんだと思うんです。

その呪いの言葉が、生き物みたいに、いっぱい攻めてきているんだと思うんですね。まあ、イモリやヤモリみたいに、いっぱい周りに取り憑いていて、自分が悩乱してきて、何か、この世を儚んで、去りたくなるような感じがあるんだと思うんです。だから、受け身すぎるとやられてしまうこともあるので。

もちろん、女性戦士みたいに戦うような感じもあるのかもしれませんが、やっぱり、「反対の想念を打ち出していく」ことも大事なのかなあというふうには思うんですね。

心を、限りなく美しい世界へ、純粋な世界へ、透明な世界へ飛翔させることで、そういう攻撃をかわしてしまって、同時存在できないようにしていくことも大事だと思うのです。

そういうものにやられているときは、やっぱり、心のなかに曇りがあって、暗いことを考えがちで、自己否定的になって、未来が悲観的に見えて、挫折感とか、そういうものが出てきて、相手を喜ばせるような現象が起きてきているはずなのです。だから、それを乗り越えることが大事であろうと思うんですね。

相手の「呪」を切り返すための方法

小野小町　逆に、呪を返すときには、相手に対して、反対のことを祈ってあげることなんですよ。言ってきていることを感じ取って、逆に言う。「あなたが幸福になることを祈っています」「あなたが豊かになることを祈っています」「あなたが美しくなることを祈っています」「ご健康になることを祈っています」と、サラッと言ってのけることで、呪を切り返すこともできるんですよね。波長が同通しなくなりますので。

だから、相手が、呪いの言葉を念力でかけてきた場合、「こっちも、呪いの言葉を念力的にかけて戦って、念力戦で強いほうが勝つ」という勝ち

小野小町の「美」の言霊

心を、限りなく美しい世界へ、
純粋な世界へ、
透明な世界へ飛翔させることで、
攻撃をかわしてしまって、
同時存在できないように
していくことも
大事だと思うのです。

方もあるとは思うんですけど、もう一つは、やっぱり次元的に、ぐっと相手を超えてしまうかたちです。

まあ、むしろ、それを哀れに思って、生念、生霊を感じるたびに、その人の人生の好転を願ってあげる。

そして、「自分たちのことは、もう、ご心配なさらなくても、うまくいっています。どうもありがとうございました」というかたちでお返しすることも大事だろうと思いますね。このへんは、まだ、人生修行の過程では、いろいろあることかと思います。

「心の次元上昇」は呪いを跳ね返していく力となる

小野小町　だから、「人の思いをどのように切り替えたり、押し返したりしていくか」っていうのは、スター、ないしはカリスマ的なリーダーとかになるような方にとっては、必須の技術の一つですね。

竹内　そうですね。

小野小町　目立つようになる、人から注目されるようになるっていうのは、必ず敵が出てくる。絶対、敵、ライバル、あるいは呪いをかけてくる者、失敗を願う者、こういう者が、必ずいっぱい来ます。

そうでなくて、応援しているなかでも、応援するなかに、「自分が手綱を付けて支配したい」っていうような思いがいっぱい入ってくるので、すごく重くなってきます。やっぱり、自分の心を次元上昇させて、これを跳ね返していく力は要るんじゃないかなあと思いますね。

だから、そういう呪を感じたら、あるいは、生霊からの攻撃を感じたら、「心の次元上昇を願う」っていうか、もう一段、清らかな世界に、透明度の高い世界に、神仏に近い世界に、自分の心を上昇させていく。そういうことが大事で、逆のことを考えるんです。

そういう明るい、積極的で、利他的なことを考えるように習慣づけていく。

要するに、自虐的になったり、人を悪く思ったりするような気持ちがすごく強くなってきたら、それをちょっと変えていくことが大事ですね。

それから、先ほど言ったように、一度外に出した言葉っていうのは、生き物みたいに生きています。見えない空間のなかで、生きて動いていますから。出した言葉がまずかったとしても、ずっと何十年も生きてることもあるわけですよ。いろんな人の人生のなかでね。何十年もあるわけです。ほんの気持ちで、ちょっとした何かの弾（はず）みで言ったようなことが、ずっと耳にこびりついたり、頭のなかに入ったままということがあったりするわけで。

だから、それに気がついたら、気がついたときに、今度は「取り消しの言霊（ことだま）」を出すことが、やっぱり大事ですね。

もちろん、直接本人に聞こえればいちばんいいですけれども、本人がいないところでも、その「取り消しの言霊」を出すことで、それが目に見えない生き物として、空中を動いていって、相手のほうに戻っていきますので。

まあ、これは生きている人の話ですけれども、死んだ人でも同じだと思うんですね。先祖供養なんかでも同じで、迷っている人の悪念波、悪想念を受けているとかいうこともあると思うんですよ。

そして、単に、「恨んで跳ね返す」「念力的に不成仏の悪霊を飛ばしてしまう」みたいなことも考えがちであるし、実際、できる方もいらっしゃいます。念が強くて、力があればできることもありますが、逆に、適度に感謝しながら、相手の影響力を取り去りながら、「どうぞ幸せになる方向へ

小野小町の「美」の言霊

明るい、積極的で、
利他的なことを
考えるように習慣づけていく。
要するに、自虐的になったり、
人を悪く思ったりするような気持ちが
すごく強くなってきたら、
それをちょっと変えていくことが
大事ですね。

と行ってください」という感じで、いつも、来るたびにそういうかたちで切り返していくことで、影響力を排除していくことは可能だと思うんですね。

　やっぱり、「心の次元上昇による超越」っていいますかねえ、そういう脱出が大事なんじゃないかな。

　相手の呪いみたいなものを直接的に受けているっていうことは、その相手のフィールドっていうか、磁場のなかにいるということですから。それを、ちょっと超える必要があるんじゃないでしょうかね。どうでしょうか。

竹内　まさに、そのとおりだと思います。ありがとうございます。

8　小野小町の霊的秘密

宇宙的には「プレアデス系といわれるものに関係がある」

竹内　ちょっと質問の内容が今までと変わってしまうのですが、平安時代ですと、「安倍晴明は、昴（プレアデス星団）のほうの力を引いていた」という話があります（『日本を救う陰陽師パワー』〔幸福の科学出版刊〕参照）。

小野小町　はい。

竹内　小野小町さんには、どういう宇宙的なつながりがあり、どんな光を引いてきているのか、教えていただけますか。前回、北川景子さんの守護霊様に訊きそびれてしまったので、お伺いできればと思うのですけれども。

小野小町　うーん……。まあ、ちょっと、日本史ファンだと、こういう質問は、なかなか受け付けない部分があるでしょう。

竹内　はい（笑）。

小野小町　ファンの層がちょっと違ってくるので、どうなのかなあという感じを受けることは受けるんですけれども。

でも、どちらかというと、やっぱり私（わたくし）も、今で言えば、「プレアデス系」●といわれるものに関係があるのではないかと思いますね。

竹内　プレアデスの何番星なんでしょうか。

小野小町　いやあ（笑）、そういう難しいことを訊かれても、小野小町としては、ちょっと答えようがないので。

竹内　そうですか（笑）。

●プレアデス星団に文明を築く人類型宇宙人。「美」「愛」「調和」「発展」を重視する。地球にも数多く飛来しているという。

小野小町　まあ、そちらで適当に決めていただくほうがいいかと……。それはちょっと、無理があるかとは思いますので。

竹内　はい。分かりました（笑）。

「神仏のお役に立てる世界で、それだけのことを成し遂げたい」

小野小町　まあ、今地上にいる本人（北川景子）が、（幸福の科学と霊的に）少し縁ができたので、関心は持っているんですけど。もう少し、あなたがたの近しいところで、応援できるような感じにならないかどうかということを、私どものほうから〝発信〟はしているんです。ただ、この世的にも、ほんと、いろんな想念に囲まれていますのでね。生きていくだけでも、大変なところなんですけど。

まあ、何かそうした、「神仏のお役に立てるような世界で、それだけのことを成し遂げたいな」という気持ちは持っているんです。でも、周りが、協力者ではあるんだけれども、仕事仲間たちに囲まれていますので、なかなか個人的に自由には、スッとならないような状況にはなっています。

できれば、もうちょっと霊的な指導等もお受けしたいなという気持ちは持ってはいるんですけれども。

うーん、幸福の科学様が、今後、どのようにご発展なされるかにもよるのかもしれないと思います。「もうちょっと、お友達感覚でお会いできるような関係になるといいな」とは、思っているんですけどもね。どうでしょうか。

竹内　もちろん、お待ちしております。これからも良好な関係を築いていけたらいいなと思っています。

小野小町　おたく様のなかにも、〝私を弾くようなもの〟が何かあるのではないかと、ちょっと心配は……。

竹内　いえ、当会はオープンですので。

小野小町　ほんとですか？　何か、スッとは通じにくいものがあるかもしれないですね。

竹内　元プレアデス星人の方も、たくさんいらっしゃいますので、大丈夫だと思います。

小野小町　そうですか。急に、あなた（竹内）のほうから光が強くなってまいりましたね（注。以前の宇宙人リーディングで、竹内は、過去の転生のなかでプレアデス星人であったことが判明している。『現代の竹内文書』〔宗教法人幸福の科学刊〕参照）。

竹内　ああ（笑）。

小野小町　「もう一度、プレアデスも巻き返したい」っていうような気持ちが伝わってきます。少し押されているんですか？　他の勢力に。

竹内　いえ、そんなことはないです（笑）。

小野小町　そういうふうに感じますから。

竹内　いえ、当会にも、お仲間がたくさんおりますので。

小野小町　しっかりと美の世界を構築して、〝プレアデスの砦〟をつくらないといけないんじゃないでしょうかね。

竹内　はい。（他の質問者に）あとは、よろしいですか。

では、以上とさせていただきたいと思います。

小野小町　あっ、そうですか。

あの、ほんとにお役に立ちませんで、申し訳ございません。

竹内　いえ、本当に貴重（きちょう）なお話を伺いました。

小野小町　何か「美について」の切り口になれば幸いかと思います。

まあ、地上の本人（北川景子）はまだ多忙で、ほんとに肉食系になってるかもしれない、残念な状態ではあるかもしれませんが、できれば、菩提心を少しなりとも持たせて、そうした真理の世界に、心を近づけたいと思っております。

だから、今、目標とするものが、少し見えにくくなってきているのかなと思っておりますので、女優としては、行くべきところまで、ある程度来ているのかもしれません。

あとは、「花の色は　うつりにけりな」で、だんだんこれから年齢を重ねるだけなのかどうかという焦りで、今、苦しんでいますので。

二十九歳というのは、一般の女性でも、けっこう苦しい年齢ですけれども、女優業でもやっぱり苦しい年齢なので、このままずっと行って、「次は、お母さん役とか、そんなのになってくるのだろうか」とかいうようなところが、ちょっと心配なところです。

まあ、迷いがあるようですけれども、何かの折に、よろしくお導きくだされば幸いかと思います。

竹内　こちらこそ、よろしくお願いします。

小野小町　ありがとうございました。

竹内　ありがとうございました。

9 小野小町の霊言を終えて

大川隆法　（手を強く二回叩く）印象はどうでしたでしょうか。

倉岡　「言葉が生きている」というところは、本当に感銘を受けました。

大川隆法　そうですね。見方が少し違いましたね。言葉が生き物になって動いているような感じを受けました。やはり、現代人の言葉は少しきついですね。言いすぎているかもしれません。

「それがずっと残って、動いている」ということを、感じていないかもしれないですね。それは、〝捕獲（ほかく）〟し、取り消さないと消えないといいますか……。

竹内　平安時代の方は、みな、「言葉のなかに霊力（れいりょく）を込（こ）める」ということをされていたんですよね。

大川隆法　感じていたんですね。この「言葉」のところは、男女関係などが壊（こわ）れる原因にもなっているのでしょうか。

竹内　はい。

大川隆法　それについては、現代は少々〝荒い〟ですよね。そういう意味では、文学的なレベルも少し落ちているのかもしれません。

竹内　落ちていると思いますね。

大川隆法　まあ、この人（北川景子）ではない人（武井咲）にも、「五寸釘を打ち込んでやろうか」というようなことを言わせたりする脚本家もいるので（二〇一五年放映のテレビドラマ「エイジハラスメント」）、言葉の波動がちょっと荒すぎないかという感じはありましたね。

竹内　そうですね。はい。

大川隆法　もう少し、それぞれの世界に合う言葉を使わせていただきたいと思うところもあります。

いずれにしても、今回の収録を通し、何らかのよきつながりができますことをお願いしたいと思います。

竹内　はい。ありがとうございました。

あとがき

美には先天的なものと後天的なものとがある。さらに言えば天然のものと人工のものがある。しかし、美を極(きわ)めていくには、ストイックな努力の積み重ねも必要だろう。

女優・北川景子さんの間奏曲(かんそうきょく)的な番組を視(み)ると、地中海に美の女神アフロディーテの姿を探したり、トルコに、美貌(びぼう)ゆえに皇帝の目に止まった二人の皇后の姿を求めていくものもある。ああ、日本の小野小町が、地中海圏(けん)の美神(びしん)を訪ねていくというのは、企画者の着眼点も素晴らしいと思った。

燃え上がる　玉の緒の炎
いたずらに　神ならぬ身を
焦がし果てなむ

結婚問題で世間が揺れていた時、ちょうど二日前の夜中、小野小町が私に伝えてきた和歌である。意味は解読しないこととしよう。

二〇一五年　十月十二日

幸福の科学グループ創始者兼総裁　大川隆法

『美とは何か――小野小町の霊言――』大川隆法著作関連書籍

『永遠の法』（幸福の科学出版刊）

『職業としての宗教家』（同右）

『女優・北川景子　人気の秘密』（同右）

『日本を救う陰陽師パワー――公開霊言　安倍晴明・賀茂光栄――』（同右）

※左記は書店では取り扱っておりません。最寄りの精舎・支部・拠点までお問い合わせください。

『現代の竹内文書』（宗教法人幸福の科学刊）

美とは何か――小野小町の霊言――

2015年10月20日　初版第1刷

著　者　　大川隆法

発行所　　幸福の科学出版株式会社
〒107-0052 東京都港区赤坂2丁目10番14号
TEL(03)5573-7700
http://www.irhpress.co.jp/

印刷・製本　株式会社 東京研文社

落丁・乱丁本はおとりかえいたします

ISBN978-4-86395-728-2 C0076

写真：TNM Image Archives／KENPEI

大川隆法霊言シリーズ・「美しさ」の秘密に迫る

女優・北川景子 人気の秘密

「知的オーラ」「一日９食でも太らない」など、美人女優・北川景子の秘密に迫る。そのスピリチュアルな人生観も明らかに。過去世は、日本が誇る絶世の美女!?

1,400円

景気をよくする人気女優 綾瀬はるかの成功術

自然体で愛される――。綾瀬はるかの「天然」の奥にあるものを、スピリチュアル・インタビュー。芸能界には「宇宙のパワー」が流れている?

1,400円

ローラの秘密

いま､いちばん人気のある天然キャラ･ローラの素顔をスピリチュアル・インタビュー。みんなから愛されるキラキラ・オーラの秘密を大公開！

1,400円

時間よ、止まれ。

女優・武井咲とその時代

国民的美少女から超人気女優に急成長する武井咲を徹底分析。多くの人に愛される秘訣と女優としての可能性を探る。前世はあの世界的大女優!?

1,400円

※表示価格は本体価格（税別）です。

大川隆法霊言シリーズ・女性の幸福を考える

豊受大神の女性の幸福論

（とようけのおおかみ）

欧米的な価値観がすべてではない――。伊勢神宮・外宮の祭神であり、五穀豊穣を司る女神が語る、忘れてはいけない「日本女性の美徳」とは。

1,500円

卑弥呼の幸福論

信仰・政治・女性の幸福

愛と信仰、そして美しさ――。かつて調和によって国を治めた邪馬台国の女王に、多様化する現代社会における「女性の幸福論」を訊く。

1,500円

額田女王、現代を憂う

（ぬかたのおおきみ）

『万葉集』の代表的女流歌人・額田女王が「目に見えない心」や「言葉に宿る霊力」の大切さ、そして、「現代の教育のあり方」を問う。

1,400円

女性リーダー入門

卑弥呼・光明皇后が贈る、
現代女性たちへのアドバイス

自己実現の先にある理想の生き方について、日本の歴史のなかでも名高い女性リーダーからのアドバイス。

1,200円

大川隆法 ベストセラーズ・女性の幸福を考える

北条政子の幸福論
—嫉妬・愛・女性の帝王学—

現代女性にとっての幸せのカタチとは何か。夫である頼朝を将軍に出世させ、自らも政治を取り仕切った北条政子が、成功を目指す女性の「幸福への道」を語る。

1,500円

女性らしさの成功社会学
女性らしさを「武器」にすることは可能か

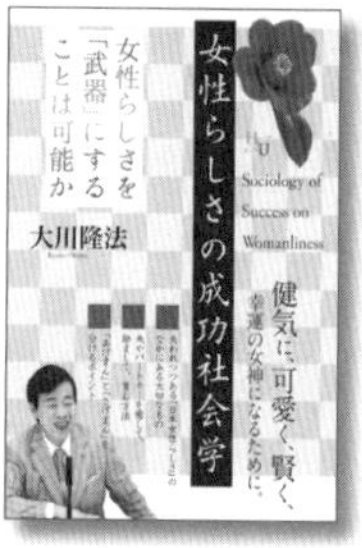

男性社会で勝ちあがるだけが、女性の幸せではない——。女性の「賢さ」とは？「あげまんの条件」とは？ あなたを幸運の女神に変える一冊。

1,500円

父と娘のハッピー対談②
新時代の
「やまとなでしこ」たちへ

大川隆法　大川咲也加　共著

新時代の理想の女性像に思いを巡らせた父と娘の対談集・第二弾。女性らしさの大切さや、女性本来の美徳について語られる。

1,200円

女性のための
「自分」のつくり方
賢く成長する秘訣

大川紫央　雲母（きらら）　共著

勉強、恋愛・結婚、就職・仕事、人間関係などをテーマに、幸福の科学総裁夫人と若手女優・雲母が対談。女性が賢く成長するためのヒントが満載！

1,300円

※表示価格は本体価格（税別）です。

大川隆法ベストセラーズ・悪霊を寄せつけないために

神秘学要論

「唯物論」の呪縛を超えて

神秘の世界を探究するなかに、人類の未来を拓く「鍵」がある。比類なき霊能力と知性が可能にした「新しき霊界思想」がここに！

1,500円

エクソシスト概論

あなたを守る、「悪魔祓い」の基本知識Q＆A

悪霊・悪魔は実在する！ 憑依現象による不幸や災い、統合失調症や多重人格の霊的背景など、六大神通力を持つ宗教家が明かす「悪魔祓い」の真実。

1,500円

日本を救う陰陽師パワー

公開霊言 安倍晴明（あべのせいめい）・賀茂光栄（かものみつよし）

平安時代、この国を護った最強の陰陽師、安倍晴明と賀茂光栄が現代に降臨！あなたに奇蹟の力を呼び起こす。

1,200円

大川咲也加 著作シリーズ・「大和の心」を知る

スピリチュアル 古事記入門（上巻）

日本の神々のほんとうの姿とは？ 神話に隠された古代史の秘密とは？ 日本の原点である『古事記』の神話を現代人のために分かりやすく解説。かわいいイラスト付き。

1,300円

スピリチュアル 古事記入門（下巻）

国造りを行った古代の天皇たちの願いとは？ 仏教受容のほんとうの意図とは？ 下巻では、神武天皇から日本武尊、聖徳太子までの歴史を解説。

1,300円

大川咲也加の文学のすすめ 〜日本文学編〜

大川隆法著作シリーズの「視点」から、「日本文学」の魅力を再発見！ 心をうるおす、他にはない「文学入門」。名作 41作品のあらすじ付き。

1,400円

※表示価格は本体価格（税別）です。

大川隆法シリーズ・**最新刊**

いま、宗教に何が可能か

現代の諸問題を読み解くカギ

大川隆法　大川裕太　共著

政治、経済、歴史、教育……。従来の宗教の枠組みを超えた「現在進行形の教養宗教」の魅力を、さまざまな角度から語り合った親子対談。

1,400円

宇宙人体験リーディング

「富」「癒し」「幸せ」を運ぶ
宇宙からの訪問者

3人が体験した宇宙人接近遭遇には、友好的な宇宙人たちの存在が――。宇宙時代の扉が開かれつつある今、彼らが伝えたいメッセージとは？

1,400円

日蓮の新霊言

「信仰の情熱」と
「日本の新しい未来」を語る

1985年の『日蓮聖人の霊言』発刊から30年――。内憂外患の日本に日蓮が贈る、不惜身命のメッセージ。いま明かされる「新世界宗教構想」とは。

1,400円

Welcome to Happy Science!
幸福の科学グループ紹介

「一人ひとりを幸福にし、世界を明るく照らしたい」──。その理想を目指し、幸福の科学グループは宗教を根本(こんぽん)にしながら、幅広い分野で活動を続けています。

宗教活動

宗教法人 幸福の科学【happy-science.jp】
- 支部活動【map.happy-science.jp（支部・精舎へのアクセス）】
- 精舎（研修施設）での研修・祈願【shoja-irh.jp】
- 学生局【03-5457-1773】
- 青年局【03-3535-3310】
- 百歳まで生きる会（シニア層対象）
- シニア・プラン21（生涯現役人生の実現）【03-6384-0778】
- 幸福結婚相談所【happy-science.jp/activity/group/happy-wedding】
- 来世幸福園（霊園）【raise-nasu.kofuku-no-kagaku.or.jp】

来世幸福セレモニー株式会社【03-6311-7286】

株式会社 Earth Innovation【earthinnovation.jp】

社会貢献

ヘレンの会（障害者の活動支援）【www.helen-hs.net】

自殺防止運動【www.withyou-hs.net】

支援活動
- 一般財団法人「いじめから子供を守ろうネットワーク」【03-5719-2170】
- 犯罪更生者支援

国際事業

Happy Science 海外法人
【happy-science.org（英語版）】【hans.happy-science.org（中国語簡体字版）】

教育事業

学校法人 幸福の科学学園
- 中学校・高等学校（那須本校）【happy-science.ac.jp】
- 関西中学校・高等学校（関西校）【kansai.happy-science.ac.jp】

宗教教育機関
- 仏法真理塾「サクセスNo.1」（信仰教育と学業修行）【03-5750-0747】
- エンゼルプランV（未就学児信仰教育）【03-5750-0757】
- ネバー・マインド（不登校児支援）【hs-nevermind.org】
  - ユー・アー・エンゼル！運動（障害児支援）【you-are-angel.org】

高等宗教研究機関
- ハッピー・サイエンス・ユニバーシティ（HSU）

政治活動

幸福実現党【hr-party.jp】

- <機関紙>「幸福実現NEWS」
- <出版> 書籍・DVDなどの発刊

HS 政経塾【hs-seikei.happy-science.jp】

出版 メディア 関連事業

幸福の科学の内部向け経典の発刊

幸福の科学の月刊小冊子【info.happy-science.jp/magazine】

幸福の科学出版株式会社【irhpress.co.jp】

- 書籍・CD・DVD・BD などの発刊
- <映画>「UFO 学園の秘密」【ufo-academy.com】ほか８作
- <オピニオン誌>「ザ・リバティ」【the-liberty.com】
- <女性誌>「アー・ユー・ハッピー？」【are-you-happy.com】
- <書店> ブックスフューチャー【booksfuture.com】
- <広告代理店> 株式会社メディア・フューチャー

メディア文化事業

- <ネット番組>「THE FACT」【youtube.com/user/theFACTtvChannel】
- <ラジオ>「天使のモーニングコール」【tenshi-call.com】

スター養成部（芸能人材の育成）【03-5793-1773】

入会のご案内

幸福の科学では、大川隆法総裁が説く仏法真理をもとに、「どうすれば幸福になれるのか、また、他の人を幸福にできるのか」を学び、実践しています。

入会

仏法真理を学んでみたい方へ

大川隆法総裁の教えを信じ、学ぼうとする方なら、どなたでも入会できます。入会された方には、『入会版「正心法語」』が授与されます。

三帰誓願

信仰をさらに深めたい方へ

仏弟子としてさらに信仰を深めたい方は、仏・法・僧の三宝への帰依を誓う「三帰誓願式」を受けることができます。三帰誓願者には、『仏説・正心法語』『祈願文①』『祈願文②』『エル・カンターレへの祈り』が授与されます。

Information

幸福の科学 サービスセンター

TEL 03-5793-1727（受付時間／火～金：10～20時 土・日祝：10～18時）

宗教法人 幸福の科学 公式サイト happy-science.jp

学部のご案内

人間幸福学部

人間学を学び、新時代を切り拓くリーダーとなる

人間の本質と真実の幸福について深く探究し、
高い語学力や国際教養を身につけ、人類の幸福に貢献する
新時代のリーダーを目指します。

経営成功学部

企業や国家の繁栄を実現する、起業家精神あふれる人材となる

企業と社会を繁栄に導くビジネスリーダー・真理経営者や、
国家と世界の発展に貢献する
起業家精神あふれる人材を輩出します。

未来産業学部

新文明の源流を創造するチャレンジャーとなる

未来産業の基礎となる理系科目を幅広く修得し、
新たな産業を起こす創造力と起業家精神を磨き、
未来文明の源流を開拓します。

未来創造学部

2016年4月
開設予定

時代を変え、未来を創る主役となる

政治家やジャーナリスト、ライター、俳優・タレントなどのスター、
映画監督・脚本家などのクリエーターを目指し、国家や世界の発展、
幸福化に貢献できるマクロ的影響力を持った徳ある人材を育てます。

キャンパスは東京がメインとなり、2年制の短期特進課程も新設します（4年制の1年次は千葉です）。2017年3月までは、赤坂「ユートピア活動推進館」、2017年4月より東京都江東区（東西線東陽町駅近く）の新校舎「HSU未来創造・東京キャンパス」がキャンパスとなります。

この地球（ほし）は、宇宙に必要か？
あなたを待ち受ける、
衝撃の〝宇宙体験〟
ベガ、プレアデス、
ダークサイド・ムーン――
ついに、地球人（あなた）は「宇宙人の秘密」を目撃する！
大川隆法 製作総指揮
長編アニメーション映画
UFO学園の秘密
The Laws of The Universe Part 0
製作総指揮・原案／大川隆法
監督／今掛勇　脚本／「UFO 学園の秘密」シナリオプロジェクト　音楽／水澤有一
総合プロデューサー／本地川瑞祥 松本弘司
総作画監督・キャラクターデザイン／今掛 勇　キャラクターデザイン／佐藤 陵　須田正己　美術監督／渋谷幸弘
VFX クリエイティブディレクター／粟屋友美子
キャスト／逢坂良太　瀬戸麻沙美　柿原徹也　金元寿子　羽多野渉
銀河万丈　仲野裕　千菅春香　藤原貴弘　白熊寛嗣　二又一成　伊藤美紀　浪川大輔
アニメーション制作／ HS PICTURES STUDIO　幸福の科学出版作品
©2015 IRH Press　配給／日活　配給協力／東京テアトル
UFO学園　検索
10月10日 全国一斉ロードショー！